CHARBONNIER

EST

MAITRE CHEZ LUI

OPÉRETTE-VAUDEVILLE EN UN ACTE

PAROLES DE

MM. CLAIRVILLE & BUSNACH

MUSIQUE DE

M. CLAIRVILLE FILS

PARIS

LE BAILLY, LIBRAIRE-ÉDITEUR

RUE CARDINALE, ET RUE DE L'ABBAYE, 2

Faubourg Saint-Germain.

CHARBONNIER EST MAITRE CHEZ LUI

OPÉRETTE-VAUDEVILLE EN UN ACTE

Représentée pour la première fois, à Paris, au théâtre du
CHATEAU-D'EAU.

CHARBONNIER

EST

MAITRE CHEZ LUI

OPÉRETTE-VAUDEVILLE EN UN ACTE

PAROLES DE

MM. CLAIRVILLE & BUSNACH

MUSIQUE DE

M. CLAIRVILLE FILS

PARIS

LE BAILLY, LIBRAIRE-ÉDITEUR

6, RUE CARDINALE, ET RUE DE L'ABBAYE, 2

Faubourg Saint-Germain.

PERSONNAGES

LARFAILLOU, charbonnier.......	MM.	PAULY.
LÉONARD, son cousin..........		LERICHE.
CATHERINE, femme de Larfaillou..	Mᵐᵉˢ	SUZANNE THAL.
MARIETTE, femme de Léonard....		LORENTZ.

———————

La scène de nos jours.— Boutique de charbonnier.

———————

CHARBONNIER

EST MAITRE CHEZ LUI

Le théâtre représente une boutique de charbonnier. — A gauche,
porte donnant sur la rue. — A droite du public, la chambre
de Larfaillou. — Les volets sont mis, on ne voit la rue que
lorsque la porte s'ouvre.

SCÈNE PREMIÈRE.

CATHERINE, seule, posant les volets sur la porte du fond.

Là ! voilà les volets mis et la boutique fermée... On va pouvoir
se reposer un brin... C'est dommage que ce ne soit pas dimanche toute la semaine... Mais voyez s'il reviendra ! (Remontant à la porte.) Voilà plus d'une demi-heure qu'il est allé
porter un sac de charbon à la blanchisseuse du n° 4... et mes
provisions qui ne sont pas faites... Oh ! ce Larfaillou, quel
lambin ! et quelle différence entre lui et moi ! Nous nous
aimons, ça, je puis le dire, comme au premier jour de notre
mariage ; mais c'est plus fort que moi quand je l'entends
m'dire : Oui, ma petite femme, tu as raison, mais sois tran-
quille, ça sera fait... et qu'il n'en va pas plus vite... Si je ne
me retenais pas... Certainement c'est un bon travailleur, un
homme qui fait bien tout ce qu'il fait, mais qui fait tout
tranquillement, sans se presser, et il aime sa femme comme
il fait tout, tranquillement, sans s'presser... Ça me fait bouil-
lir, moi.

COUPLET.

J'ai des nerfs, de la passion,
Enfin, j'ai du sang dans les veines ;
Et quand je l' vois, sans émotion,
S' moquer d' nos plaisirs et d' nos peines,
Y m' semble que j' suis un torrent
Qu'un lac immobile asticote,
Ou bien que je suis un volcan,
Qui vient d'épouser un' marmotte.

Enfin, je ne m'explique pas ça, mais je ne suis pas dix minutes avec lui sans qu'il me prenne des envies de l'embrasser et des envies de le battre... Je m'arrête à la première de ces envies, mais...

SCÈNE II

CATHERINE, LARFAILLOU.

LARFAILLOU, type de charbonnier, la figure noire, etc.

Ah! me v'là de retour.

CATHERINE.

C'est pas malheureux.

LARFAILLOU.

Bonjour, ma petite femme.

CATHERINE.

D'où que tu viens comme ça ?

LARFAILLOU.

Ah ben! en v'là une de question... J'viens d'chez la blanchisseuse, donc.

CATHERINE.

C'est pour aller au bout de la rue que tu as mis trois quarts d'heure ?

LARFAILLOU.

Oh! tu sais, on cause. Elle est très-bavarde, mademoiselle Palmyre.

CATHERINE.

Ah! elle est bavarde; et qu'est-ce qu'elle t'a raconté?

LARFAILLOU.

Oh! tu sais, un tas de choses. — Bonjour, m'sieu Larfaillou, ça va bien? — Très-bien, mamzelle Palmyre, et vous?
— Pas mal, et madame Larfaillou? — A merveille, j'vous
remercie. — Savez-vous du nouveau? — Non, mamzelle. —
Eh bien, j'en sais, moi. — Ah! — La femme de l'épicier est
partie. — Pas possible! — Avec le premier garçon de la
boutique. — M. Alphonse? — Justement! Et puis il y a encore la femme du caissier du grand bazar. — Elle est partie
aussi?—Non, c'est le caissier qui est parti, mais sa femme...
— Elle s'est périe! — Elle, pas du tout, elle dansait hier à
Tivoli Vaux-Hall avec un officier de cavalerie. Enfin, tu sais,
un tas d'histoires...

CATHERINE.

Monsieur Larfaillou.

LARFAILLOU.

Ma petite femme?

CATHERINE.

Regardez-moi bien.

LARFAILLOU.

Que je te regarde?

CATHERINE.

Votre nez remue.

LARFAILLOU.

Mon nez?

CATHERINE.

D'où venez-vous? Je veux le savoir.

LARFAILLOU.

Mais...

CATHERINE.

Mais parlez, je suis sur des charbons ardents.

LARFAILLOU.

Sur des charbons... ça n'a rien d'extraordinaire, vu notre
état, mais, ardents...

CATHERINE.

Ah ! je vous en prie, ne plaisantez pas. Je ne suis pas
d'humeur à plaisanter.

LARFAILLOU.

Voyons, voyons, calme-toi. Eh bien oui, c'est vrai, là, j'ai
fait une rencontre qui m'a retenu.

CATHERINE.

Ah ! une rencontre, et quelle rencontre ?

LARFAILLOU.

Je te le donne en cent.

CATHERINE.

Je n'ai pas le temps de chercher. Voyons, dépêche.

LARFAILLOU.

Le cousin Léonard.

CATHERINE.

Léonard de Saint-Flour ?

LARFAILLOU.

Juste. Et il m'a appris que lui-même était marié.

CATHERINE.

Bah !

LARFAILLOU.

Et tu ne te figurerais jamais qui qu'il a épousé.

CATHERINE.

Qui donc ?

LARFAILLOU.

La petite Mariette.

CATHERINE.

Mariette !

LARFAILLOU.

Tu ne te rappelles pas Mariette, la fille de Chavagnat, le chaudronnier d'Aurillac.

CATHERINE.

Bah ! cette petite bête qui demandait à tout le monde s'il était vrai que le maître d'école était le fils de l'âne du père Mathias ?

LARFAILLOU.

C'est ça.

CATHERINE.

Ah ! Dieu, j' pouvais pas la sentir.

LARFAILLOU.

Bon, ça tombe bien.

CATHERINE.

Pourquoi que ça tombe bien ?

LARFAILLOU.

Parce qu'elle est à Paris avec son mari.

CATHERINE.

Tu l'as vue ?

LARFAILLOU.

Non, mais il doit nous l'amener.

CATHERINE.

C'est inutile.

LARFAILLOU.

Je les ai invités.

CATHERINE.

Invités !

LARFAILLOU.

A manger aujourd'hui la soupe avec nous.

CATHERINE.

Ah ! tu fais des invitations.

1.

LARFAILLOU.

Un cousin !

CATHERINE.

Sans me consulter.

LARFAILLOU.

C'est aujourd'hui dimanche, et j'ai pensé...

CATHERINE.

Je ne veux pas les recevoir.

LARFAILLOU.

Mais, Catherine !

CATHERINE.

Comment donc, mais y manquerait plus qu'ça, tenir table ouverte. Je suis d'Aurillac, toi, t'es de Pontgibaud, mettons-nous sur ce pied-là et bientôt nous aurons à nourrir tout le Cantal et tout le Puy-de-Dôme.

LARFAILLOU.

Non, je ne voudrais pas nourrir le Puy-de-Dôme, mais...

CATHERINE.

Monsieur Larfaillou, retenez bien ceci : Quand on est deux, rien ne doit se faire l'un sans l'autre.

LARFAILLOU.

T'as raison autant que possible, faut tout faire ensemble, mais...

CATHERINE.

Mais je refuse de recevoir vos invités.

LARFAILLOU.

Y penses-tu!.. Mais ils vont venir... ils seront ici dans un instant.

CATHERINE, allant prendre son panier.

Alors j'm'en vas... et qu'à mon retour il ne soit plus question d'eux.

LARFAILLOU.

Mais, poupoule...

DUETTINO.

CATHERINE.

Je n' le veux pas, vous m'entendez...
Si vous voulez que, douce et bonne,
Je fasse c' que vous m' demandez
Faites d'abord ce que j' vous ordonne...
J' vais aux provisions, mais je veux
N 'ach'ter aujourd'hui que pour deux.

LARFAILLOU.

Pour deux, ça n'est pas que j' te blâme,
Faut d' l'économie, et pourtant,
Si tu voulais, toi que j' aim' tant !
Tu pourrais, ma petite femme,
Me tirer d'un grand embarras.

CATHERINE.

Si je voulais, mais je n' veux pas.

LARFAILLOU.

Tu ne veux pas ?

CATHERINE.

Je ne veux pas.

ENSEMBLE.

CATHERINE.

Je n' le veux pas, vous m'entendez,
    Etc.

LARFAILLOU.

Il me faut agir à son gré,
Si j' veux que toujours, douce et bonne,
Ell' fasse c' que je lui d'mand'rai
Faut d'abord fair' ce qu'ell' m'ordonne.

(Catherine sort.)

SCÈNE III

LARFAILLOU, seul.

Que j' dise à Léonard, bigre de bigre... Comment me tirer d' là?.. J' sais bien que j' n'aurais pas dû sans la consulter... mais j' pouvais pas dire à Léonard : Attends que j'aille demander à ma femme la permission de t'inviter... J'aurais eu l'air d'une oie... mais c'e l'que maintenant je vais en avoir bien plus l'air... j' vais avoir l'air et la chanson... Si tant seulement Léonard m'avait laissé son adresse... j'irais le prévenir, et encore qu'est-ce que je lui dirais?

AIR :

Si j' lui disais qu' ma femme a mal aux dents
    Ou bien que nous dînons en ville?
Non, Léonard ne donn'rait pas là-dedans
    Et le mensonge est inutile.
        Comment m' tirer d' là,
            Fichtra !
        Jobard, imbécile,
        Comment m' tirer d' là ?
            Fichtra !
        Comment m' tirer d' là.

L' cousin Léonard sait s' faire obéir,
    Sa pauvre femme est toujours prête
A l' bichonner, l' dorloter, le servir,
    La mienne n'en fait qu'à sa tête.
        Comment m' tirer d' là,
            Fichtra !
        Crétin, fichu bête!
        Comment m' tirer d' là ?
            Fichtra !
        Comment m' tirer d'là.

SCÈNE IV

LÉONARD, LARFAILLOU, MARIETTE.

LÉONARD.

La ! qu'est-ce que je te disais... Le voilà, le cousin Larfaillou !... dont je t'ai parlé si souvent... Allons, va donc l'embrasser.

MARIETTE.

Avec plaisir. (Allant à Larfaillou.) Cousin...

LARFAILLOU, l'embrassant.

Cousine... (A part.) Eh bien, si ça commence comme ça.

LÉONARD, à Mariette.

A moi, maintenant... venez embrasser tout de suite.

(Il tend la joue.)

MARIETTE.

Voilà, notre homme... (Elle l'embrasse.)

LÉONARD, à Larfaillou.

Hein ! comme c'est dressé.

LARFAILLOU.

Ah ! oui, pour dressé, c'est bien dressé... (A part.) Je ne
trouve rien... mais là, rien du tout.

LÉONARD.

Et la cousine... où donc qu'elle est la cousine ?...

LARFAILLOU.

La cousine... quelle cousine ?...

LÉONARD.

Comment quelle cousine ?

MARIETTE.

Mais la cousine Catherine.

LARFAILLOU.

Ah ! oui, ma femme, quoi...

LÉONARD.

Eh ben... est-ce qu'elle n'est pas là ?

LARFAILLOU, très-embarrassé.

Oui, elle est là... c'est-à-dire... Elle n'est pas là... ou du moins... elle est là... mais cependant... (A part.) Ah ! je crois que j'ai trouvé un truc.

LÉONARD.

Ah çà ! mais qu'est-ce que t'as donc ?

MARIETTE.

Est-ce qu'elle est malade, la cousine ?

LARFAILLOU.

Eh bien, mes amis, mes pauvres amis, voilà... oui, je n'osais pas, j'hésitais à vous le dire... mais la pauvre Catherine...

MARIETTE et LÉONARD.

Eh bien ?

LARFAILLOU.

Ça lui a pris si vite.

LÉONARD.

Quoi, qu'est-ce qui lui a pris?

LARFAILLOU.

En rentrant je n'ai eu que le temps d'aller chercher le médecin... elle était toute rouge, et quand le médecin est arrivé, il m'a dit que c'était la rougeole.

LÉONARD.

La rougeole !

LARFAILLOU.

Une maladie très-dangereuse... et qui s'attrape... c'est-à-dire que rien qu'en restant une minute dans une maison où qu'il y a un rougeoleux, crac !... on est sûr de son affaire.

MARIETTE.

Allons donc !

LÉONARD.

La rougeole, c'est une maladie d'enfant... Je sais bien que
les grandes personnes... mais il n'y a pas de danger.

LARFAILLOU.

Oh ! si.

LÉONARD.

J'te dis, non ; par exemple, faut des soins, de la chaleur.
Mariette la soignera.

MARIETTE.

Et mieux qu'un médecin, allez. J' connais ça, moi, je soi-
gnais tous les enfants du pays... Où est-elle ?...

LARFAILLOU, à part.

Sapristi ! (Haut). C'est que... je vais vous dire...

LÉONARD.

Quoi donc ?

LARFAILLOU.

Elle est enflée, et vous savez, quand les femmes sont enflées,
elles n'aiment pas s' faire voir.

LÉONARD.

Qu'est-ce que tu nous chantes là ?... Va donc, Mariette, va
donc, la santé avant la coquetterie.

MARIETTE, indiquant la porte de droite.

C'est par là, n'est-ce pas ?...

LARFAILLOU.

Non, non... c'est... ce n'est pas... D'ailleurs, pour le moment...

LÉONARD.

Ah çà ! mais, tonnerre du diable !... qu'as-tu donc ?

LARFAILLOU.

Eh bien ! puisqu'il faut vous le dire, Catherine n'est pas ici.

LÉONARD.

Elle n'est pas...

LARFAILLOU.

Elle est allée se faire soigner chez sa tante, où je dois aller la rejoindre !... voilà pourquoi... vous comprenez .. je n'osais pas vous dire... parce que...

LÉONARD

Qu'est-ce que c'est que tout ça ? Comment! je te rencontre il y a une demi-heure, tu ne me parles que de la santé, que de la fraîcheur de ta femme; tu rentres, elle a la rougeole. Tu nous dis qu'elle est là, et maintenant elle est chez sa tante !

LARFAILLOU.

Oui, je sais bien que... tout ça... au premier abord...

LÉONARD.

Écoute, Larfaillou, avant de te rencontrer ce matin, et en demandant ton adresse, j'avais causé de toi dans le quartier, et veux-tu savoir ce que m'a dit la fruitière ?

LARFAILLOU.

Quoi donc ?

LÉONARD.

Elle m'a dit... (à sa femme.) Mariette !

MARIETTE.

Mon homme ?

LÉONARD.

Va voir derrière cette porte, si j'y suis.

MARIETTE.

Oui, mon petit homme.

LÉONARD, à part.

Comme c'est dressé. (A Mariette.) Viens m'embrasser. (Il tend sa joue, Mariette l'embrasse.) Et maintenant, file... et reste à la porte. (Mariette disparaît.)

LÉONARD, à Larfaillou.

Eh bien, la fruitière m'a dit que ta femme portait les culottes.

LARFAILLOU.

Oh! la fruitière aurait osé...

LÉONARD.

Et sais-tu ce que m'a dit le pharmacien?

LARFAILLOU.

Le pharmacien! Tu aurais consulté le...

LÉONARD.

En achetant du jujube, il m'a dit que tu étais une poule mouillée, une chiffe.

LARFAILLOU.

Oh!

LÉONARD.

Et maintenant la vérité, ta femme ne veut pas nous recevoir...

LARFAILLOU.

C'est-à-dire... que, n'étant pas prévenue...

LÉONARD.

Bien. (Allant à la porte.) Rentre, Mariette, et regarde cet homme... ce n'est plus un Larfaillou, c'est un imbécile.

LARFAILLOU.

Léonard!

LÉONARD.

Souvenez-vous du vieux dicton de l'Auvergne.

RONDE DES CHARBONNIERS

Charbonnier est maître chez lui :
    Oui, seul il doit être
    Le souverain maître :
En Auvergne encore aujourd'hui,
Charbonnier est maître chez lui.

Oui, partout il faut qu'on l'proclame,
Aujourd'hui, chez les Auvergnats,
Vous n'trouv'rez p'us aucune femme
Osant dire : je ne veux pas !
De notre nom quand ell' se nomme,
Un' femm', quels que soien' ses appas,
Même quand elle ne veut pas
N'doit jamais dire non à son homme

TOUS.

Charbonnier est maître chez lui, etc.

LÉONARD.

Si t'es l'plus faible et qu'on t'opprime.
Prends un' quenouill', soign' la maison ;
Mais alors que ta femme trime,
Qu'ell' porte tes sacs de charbon ;
Ou si t'es l'plus fort, c'est d'ju-tice.
Tu ne dois pas avoir le d'ssous ;
Si t'es l'plus fort qu'ell' file doux.
Si t'es le plus fort qu'on t'obéisse.

TOUS.

Charbonnier est maître chez lui. etc

LARFAILLOU.

Tiens, veux-tu que je te le dise, tu m'électrises, et que, pas plus tard que tout de suite, je vous invite à rester ici tous les deux.

LÉONARD.

Non, non, merci ! la bourgeoise n'aurait encore qu'à ne pas vouloir.

LARFAILLOU.

Y n'y a plus de bourgeoise, y n'y a ici qu'un bourgeois, et ce bourgeois, c'est moi.

LÉONARD.

Non, non! Vois-tu, pour ça y faut avoir la manière et ne
pas lambiner sur les moyens.

LARFAILLOU.

Quelle manière? quels moyens?

LÉONARD.

Quand une femme... (A Mariette.) Mariette.

MARIETTE.

Mon ami?

LÉONARD.

Va voir dehors si j'y suis.

MARIETTE.

Oui, mon ami.

LÉONARD.

Viens m'embrasser (Il tend sa joue, Mariette l'embrasse.) Et
maintenant, file. (Mariette sort.)

LARFAILLOU.

Comme c'est dressé !

LÉONARD.

La manière, y n'y en a qu'une, le moyen il est unique.

LARFAILLOU.

Et ce moyen?

LÉONARD.

Quand une femme refuse d'obéir ?

MARIETTE, rouvrant la porte.

Tiens, est-ce que c'est pas Catherine là-bas ?

LARFAILLOU, remontant.

Catherine !

LÉONARD.

Ah ! le v'là déjà qui tremble.

LARFAILLOU.

Oui, c'est elle.

LÉONARD.

Bigre ! mais je ne voudrais pas.

LARFAILLOU, indiquant la porte de droite.

Entrez là tous deux, et vous allez voir si je suis le maître.

LÉONARD.

Ici, Mariette.

LARFAILLOU.

Ah ! ton moyen. (Léonard lui parle bas à l'oreille.)

LARFAILLOU.

Oh !

LÉONARD.

Et d'aplomb !

LARFAILLOU.

Oui, oui, entrez vite.

LÉONARD, disparaissant avec Mariette.

Et d'aplomb.

LARFAILLOU, seul.

Par exemple, pauvre Catherine. Oh! pour ça, jamais. (Voyant entrer sa femme.) Il était temps.

SCÈNE V

CATHERINE, LARFAILLOU.

CATHERINE.

Eh ben, sont-ils venus ?

LARFAILLOU.

Oui, c'est-à-dire...

CATHERINE.

Ils sont partis...

LARFAILLOU.

Oui, c'est-à-dire ils sont partis... sans être partis.

CATHERINE

Comment ça, que veux-tu dire ?

LARFAILLOU.

Eh ben ! j' veux dire... (Se posant.) Madame Larfaillou...

CATHERINE.

Hein !

LARFAILLOU.

Je veux dire que... que... (A part.) Sapristi, je crois que la fruitière avait raison.

CATHERINE.

Voyons, que veux-tu dire ?

LARFAILLOU.

Eh bien, madame Larfaillou, j'entends que dorénavant...

CATHERINE.

Dorénavant !...

LARFAILLOU, se montant.

Et quand je dis : Dorénavant, je veux dire : demain... les jours suivants et toute la semaine prochaine... (à part.) J'ose pas... Décidément le pharmacien était dans le vrai.

CATHERINE.

Ah çà ! décidément... qu'est-ce qui se passe?... Vous avez l'air d'un poisson dans la friture...

LARFAILLOU, à part.

Et les autres qui sont là... (Se pinçant et s'asticotant.) Va donc, poule mouillée... (Haut.) Madame Larfaillou, j'ai l'honneur de vous apprendre qu'à partir d'aujourd'hui, il va y avoir dans not' ménage un changement. Je ne trouve pas le mot... Mais qu'il vous suffise de savoir que ce sera un véritable change-ment !

CATHERINE.

Un changement?

LARFAILLOU.

Savez-vous ce qu'on dit de vous dans le quartier?

CATHERINE.

De moi.

LARFAILLOU.

On dit que vous portez mon pantalon.

CATHERINE.

Hein ?

LARFAILLOU.

Et comme je ne puis vous autoriser à porter ce vêtement masculin qui m'obligerait à endosser vos jupons, j'entends qu'à l'avenir...

CATHERINE.

A l'avenir...

LARFAILLOU.

Vous me laissiez mon pantalon...

CATHERINE.

C'est-à-dire que monsieur veut être le maître.

LARFAILLOU.

Ce n'est pas moi qui le veut, c'est l'Auvergne.

CATHERINE.

L'Auvergne?

LARFAILLOU.

Oui, madame, c'est la grande voix de l'Auvergne qui vous crie par ma bouche que charbonnier est maître chez lui.

CATHERINE.

Et charbonnière?

LARFAILLOU.

L'Auvergne n'en parle pas.

CATHERINE.

Eh bien, monsieur, c'est entendu, vous êtes maître. Après ?

LARFAILLOU.

Voilà tout.

CATHERINE.

Eh bien ! si voilà tout... rien de mieux : oui, oui, vous êtes le maître... et moi la servante ; à preuve, deux harengs pour notre déjeuner, et deux boudins pour notre dîner.

LARFAILLOU, à part.

Ah ! fichtre ! (Haut.) Madame, vous allez retourner aux provisions.

CATHERINE.

A cause ?

LARFAILLOU, parlant très-haut pour être entendu à droite.

Les Léonard déjeunent et dînent ici.

CATHERINE.

Oui-dà.

LARFAILLOU.

Et si vous répliquez un mot, ils y logeront.

CATHERINE.

Monsieur Larfaillou !

LARFAILLOU.

Allez, madame.

CATHERINE.

Monsieur Larfaillou !

LARFAILLOU.

Allez, je vous l'ordonne.

CATHERINE.

Vous avez dit ?...

LARFAILLOU.

Je vous l'ordonne.

CATHERINE, lui envoyant une gifle.

Ah !

SCÈNE VI

Les Mêmes, LÉONARD, MARIETTE.

LÉONARD, à Larfaillou.

Bravo ! mes compliments.

MARIETTE, allant à Catherine.

Hélas ! pauvre petite.

CATHERINE.

Quoi ! c'est moi que l'on plaint.

LARFAILLOU.

C'est moi qu'on félicite.

LÉONARD.

Ce soufflet-là ne sera pas perdu.

CATHERINE, vivement.

C'est moi qui l'ai donné.

LARFAILLOU, penaud.

C'est moi qui l'ai reçu.

LÉONARD.

Toi !

MARIETTE.

Vous !

CATHERINE, confuse.

Donné !

LARFAILLOU, furieux.

Reçu !

ENSEMBLE.

LARFAILLOU et LÉONARD.

Ah ! c'est épouvantable!
Non, chez les Auvergnats,
Un outrage semblable
Ne se pardonne pas.

CATHERINE.

Ah ! c'est épouvantable !
Et j'eus grand tort, hélas!
Un outrage semblable
Ne se pardonne pas.

MARIETTE, à part.

Ah ! c'est très-remarquable.
Eh quoi ! ce petit bras
Donne un soufflet semblable !...
On ne le croirait pas.

LÉONARD.

C'est vraiment trop infâme !
(A Mariette.) Venez, venez, madame,
Ne restons pas ici.

LARFAILLOU.

J'en veux sortir aussi.

CATHERINE.

Larfaillou !

LARFAILLOU.

Laissez-moi, madame.

CATHERINE.

Larfaillou !

LARFAILLOU.

S'en va je ne sais où.
Vous n'avez plus de Larfaillou.

REPRISE DE L'ENSEMBLE.

Ah ! c'est épouvantable ! etc.

(Larfaillou sort le premier. Il est suivi de Léonard et de Mariette.)

SCÈNE VII

CATHERINE, seule.

Larfaillou !... parti! Eh bien, c'est du joli ce que j'ai fait
là... Mais aussi pourquoi vouloir... Eh bien, quoi, que vou-
lait-il ?... être le maitre... Est-ce que c'était pas convenu?
est-ce qu'en nous mariant à Aurillac, M. le maire ne m'avait
pas fait jurer obéissance?... C'est affreux tout de même de
nous faire faire ce serment-là; mais enfin, quand on a juré...
Oui, mais c'était pas une raison pour vouloir que je reçoive
son cousin et son idiote de femme, parce qu'enfin... enfin...
Eh bien! quoi, enfin? Et pourquoi que tu ne voulais pas
les recevoir? Parce que ton mari le voulait, pas pour aut'chose;
c'était par contrariété, par vanité de femme, et v'là comme
de fil en aiguille, sans motif, sans raison, on en arrive...Oh!
Dieu! Quand je pense que j'ai osé... Ah! c'est affreux!

COUPLETS.

I

Je n'ai que c' que j' mérite,
Et mon mari fait bien
De s' venger d' ma conduite.
Qu'ai-je à lui r'procher? Rien.
Même si par la suite,
Ayant été battu,
Y m' rendait c' qu'il a r'çu.
J' n'aurais que c' que j' mérite!

II

J' n'aurais que c' que j' mérite,
Même pour se venger
Et de femme et de gite,
Dame! il pourrait changer.
Je sais qu' la grand' Marguerite,
L'attire, et j' sais pourquoi,
Ah! s'y n' voulait plus d'moi.
J' n'aurais que c' que j' mérite.

Oh! mais, y n' doit pas êt' loin d'ici, y n' faut plus de
fausse honte, j' vas courir après lui, j' lui d'manderai pardon
d'vant les autres... Ça m'est égal... Il faut que je l' ramène...
que...

SCÈNE VIII

CATHERINE, MARIETTE.

MARIETTE.

Ah ! la v'là !

CATHERINE.

Mariette, où est mon mari ?

MARIETTE.

Avec le mien, chez l' marchand d' vin.

CATHERINE.

Oh ! Larfaillou ! Mais je vais bien vite...

MARIETTE.

Non, restez !

CATHERINE.

Pourquoi ?

MARIETTE.

Faut que je vous parle.

CATHERINE.

De sa part ?

MARIETTE.

Non... Mon mari, qui voulait rester seul avec le vôtre, m'a
dit comme ça de son petit air si doux (Grosse voix.) : « Mariette !
(D'une voix timide.) — Mon petit homme, que je lui ai répondu
(Grosse voix.) — Vas voir dehors si j'y suis. (Air timide.) — Oui,
mon ami. » Mais au lieu d'aller voir dehors si il y était, je suis
revenue ici.

CATHERINE.

Pourquoi ?

MARIETTE.

Parce que je vous admire. Parce que, quand je pense que
c'est... cette petite main-là qui a donné la claque que j'ai
entendue, je n' sais pas, mais je regarde la mienne de main.
et y m' semble que ça m' démange.

CATHERINE.

Ah bah !

MARIETTE.

Ça doit êtr' bien bon. n'est-ce pas, de flanquer une gifle
à son homme ?

CATHERINE.

Comment! est-ce que vous songeriez ?...

MARIETTE.

A giffler le mien? Oh! oui, c'est mon rêve.

DUETTINO.

Lui donner un soufflet,
Comme ça me plairait,
Comm' je le soufflet'rais,
Si tant seul'ment j'osais !

CATHERINE.

Non, donner un soufflet.
C'est un grave méfait ;
Songez que les soufflets
Ne s' pardonnent jamais !
Vous voulez de c'te main mignonne...
Ah! Dieu, si vous pouviez savoir
C' que ça fait d' mal quand on les donne.

MARIETTE.

Ça fait bien plus d' mal à r'cevoir !
J'en ai reçu, moi. trop bonasse,
Reçu d' mon mari. qui, pourtant,
Veut que j' l'embrasse à chaque instant.
Eh bien! même quand je l'embrasse,
Lui donner un soufflet,
Etc.

CATHERINE.

Non! donner un soufflet,
C'est un grave méfait ;
Songez que les soufflets
Ne s' pardonnent jamais.
Voyons, ma petite Mariette,
R'venez à d' meilleurs sentiments.

MARIETTE.

Bon ! quand je me monte la tête,
J'ai de singuliers raisonn'ments :
A sa place un instant me mettre,
Cela me ferait tant d' plaisir,
Qu' lui donner un' giffle et mourir,
Ce serait le bonheur peut-être.

ENSEMBLE

CATHERINE.	MARIETTE.
Non, donner un soufflet, Etc.	Lui donner un soufflet, Etc.

CATHERINE.

Et gardez-vous bien de céder à ces vilaines idées-là ! Si
vous saviez comme je suis malheureuse de ce que j'ai fait !
Car, mon mari, je l'adore.

MARIETTE.

Tiens, c'est drôle.

CATHERINE.

Et quand je pense qu'il est avec le vôtre. Oh ! il faut
bien vite que j'aille le trouver, que je lui demande pardon..,
Vite, vite, calmez-vous et venez avec moi.

MARIETTE.

Non, je reste ici.

CATHERINE.

Ici ?

MARIETTE.

Oui, pour me calmer.

CATHERINE.

Eh bien, vous avez raison, j'espère que j'arrangerai tout
cela ; attendez-nous.

SCÈNE IX

MARIETTE, seule.

Me calmer ? plus souvent ! Non, cette boutique est bonne à
fréquenter, on y respire comme un parfum de calottes..
On doit avoir ici plus de courage qu'ailleurs, et pourtant

Catherine canne. Oh! c'est visible... elle canne. Dame! aussi
faut dire que c' pauvre M. Larfaillou n' méritait peut-
être pas ça... Ça a l'air d'une bonne pâte d'homme, tandis
que Léonard... qu'est-ce qui va me dire, en apprenant que
j'ai quitté mon poste? Oh! y n' faut pas que je me fasse d'il-
lusions, c'est une tripotée qui me revient; mais, tant pis! une
fois dans ma vie, j' veux lui dire c' que j'ai sus l' cœur; certainement, je n'irai pas jusque-là... quoique ici, à Paris, il
n'oserait peut-être pas...

SCÈNE X

MARIETTE, LÉONARD.

LÉONARD, entrant en courant et s'arrêtant au fond.

Oui, parbleu, la v'là! C'est bien elle.

MARIETTE, à part.

Allons, ma fille, du courage.

LÉONARD.

Mariette!

MARIETTE.

Eh ben?

LÉONARD.

Qu'est-qu' tu fais ici?

MARIETTE.

J' fais rien.

LÉONARD.

Pourquoi qu' t'es pas restée oùs que j'avais dit?

MARIETTE.

Parce que je ne suis pas un chien pour rester dans la rue.

LÉONARD.

Qu'est-ce que tu dis?

MARIETTE.

'Est-ce que vous êtes sourd!?

LÉONARD.

Mariette!

MARIETTE.

De quoi?

LÉONARD.

Est-ce que c'est à moi que tu parles?

MARIETTE

Dame, à moins que ce ne soit aux murs.

LÉONARD.

Faudrait peut-être mieux que ce soit aux murs.

MARIETTE.

A cause?

LÉONARD.

A cause que si l'on dit qu'ils ont quenqu' fois des oreilles,
on n' dit pas encore qu'ils ont des mains.

MARIETTE.

Et vous en avez, vous.

LÉONARD.

Y m' semble que tu en sais quelque chose.

MARIETTE.

J' vous conseille de vous en vanter.

LÉONARD.

Est-ce que par hasard ce serait l'exemple de Catherine?
Tu dois pourtant bien savoir que je ne suis pas un Larfaillou, moi.

MARIETTE.

Oh! non, M. Larfaillou est bon, il aime sa femme, lui.

LÉONARD.

Aussi, ça lui profite.

MARIETTE.

Oui, ça lui profite : car tout à l'heure, ici, Catherine me
le disait ; elle adore son mari, elle était triste, honteuse de
ce qu'elle avait fait, elle est allée lui en demander pardon.

LÉONARD.

Eh bien! toi aussi faut que tu me demandes pardon.

MARIETTE.

De quoi donc?

LÉONARD.

De m'avoir désobéi.

MARIETTE

En ne restant pas dans la rue ?

LÉONARD.

Oui, quand je te l'avais ordonné.

MARIETTE.

Eh bien! non.

LÉONARD.

Non !

MARIETTE.

La rue, c' n'est pas ma place.

LÉONARD.

Mariette !

MARIETTE.

Non, cent fois non.

LÉONARD.

La main m' démauge.

MARIETTE.

Et la mienne aussi.

LÉONARD.

Une fois !

MARIETTE.

Non.

LÉONARD.

Deux fois !

MARIETTE.

Non.

LÉONARD, levant la main.

Trois fois !

MARIETTE, lui donnant un soufflet.

Non !

LÉONARD.

Oh!

LARFAILLOU et CATHERINE, qui viennent d'entrer.

Ah !

SCÈNE XI

Tous les Personnages, Larfaillou tient une oie par le cou, Catherine est chargée de provisions.

CHOEUR.

LÉONARD.

Ah! fichtra,
Un soufflet comm' ça,
J'en ai vu trent' six chandelles.
Ah! fichtra,
De ses mains si frêles
Un soufflet comm' ça!
Ah! fichtra!

CATHERINE et LARFAILLOU.

Ah! fichtra!
Qu'est-c' que j'ai vu la?
Encor de nouvell's querelles!
Ah! fichtra!
J'en voyons de belles;
Qu'est-c' qu'aurait dit ça!
Ah! fichtra!

MARIETTE.

Ah! fichtra!
Qu'est-c' que j'ai fait là?
Il va m'en fair' voir de belles!
Ah! fichtra!
Voilà des nouvelles
Dont on parlera.
Ah! fichtra!

LÉONARD.

Ah! vous avez joliment bien fait de me retenir, je l'escar-
bouillais.

LARFAILLOU.

Ah çà! voyons, c'est au moment où je reviens avec ma femme et cette oie, preuve de notre réconciliation...

CATHERINE.

Et toutes ces provisions, pour vous donner un festin de Balthazar.

LARFAILLOU.

C'est pas des gifles qui doit pl avoir ici, c'est des baisers; tiens, regarde moi ça, cousin Léonard. (A Catherine.) Madame Larfaillou, v'nez tout de suite embrasser c'te joue que vous avez outragée.

CATHERINE.

Oui, mon petit homme, avec plaisir.

LARFAILLOU.

Tu vois, y n'y parait plus...

LÉONARD, embarrassé.

Il est certain qu'une main de femme... C'est plutôt drôle.

MARIETTE, à part.

Ah! ah!

LÉONARD.

Allons, Mariette, à cause de mes amis... Mais v'nez tout de suite effacer ce que vous avez fait.

MARIETTE, à part.

Des navets!

LÉONARD.

Eh bien!...

MARIETTE, montrant ses joues.

Et tous ceux qui sont là... Toutes les gifles que vous m'avez données, qu'est-ce qui les effacera?

LÉONARD.

Hein?

LARFAILLOU.

Ah! dame, s'il y a de l'arriéré.

CATHERINE.

Elle a raison, cousin; c'est à vous d'effacer d'abord.

LÉONARD.

A moi ?

MARIETTE.

Allons, monsieur, venez embrasser tout de suite.

LÉONARD.

Est-elle drôle.

MARIETTE.

Allons, tout de suite, tout de suite !

LÉONARD.

Eh bien ! oui, j'efface ; mais t'effaceras après.

MARIETTE.

Effacez d'abord. (Léonard, l'embrassant à plusieurs reprises.) Ah ! mais en voilà assez.

LÉONARD.

Y doit y en avoir plus que ça à effacer.

MARIETTE.

Nous y r'viendrons ! et maintenant, j'efface à mon tour (Elle l'embrasse.) Mais ne recommençons plus.

CATHERINE.

Bah ! quand ce ne serait que pour effacer.

LARFAILLOU.

Bourrée auvergnate.

Ah! fichtra, chez les Auvergnats,
Les bons cœurs font les bons ménages.
Et s'il survient des jours d'orages,
    Ça n' dur' pas,
    Chez les Auvergnats.

CATHERINE.

A la cuisine, vos compagnes
Vont fricasser la soupe aux choux;
Mais avant ell's veulent avec vous
Danser la bourrée d' nos montagnes.

TOUS, dansant.

Ah! fichtra, chez les Auvergnats, etc.

LÉONARD.

Et comm' le vin rend l' cœur plus tendre,
Plus nous boirons, plus nous dans'rons,
Et plus nous nous embrasserons.

MARIETTE, à part.

Bon! je sais le moyen d' m'y prendre!

TOUS, dansant.

Ah! fichtra, chez les Auvergnats, etc.

LÉONARD et LARFAILLOU, aux deux femmes.

Mais surtout souv'nez-vous sans cesse
Qu' charbonnier est maître chez lui.

CATHERINE et MARIETTE.

Oui, mais souvenez-vous aussi
Qu' charbonnière doit êtr' maîtresse.

TOUS, dansant.

Ah! fichtra, chez les Auvergnats,
Les bons cœurs font les bons ménages;
Et s'il survient des jours d'orages,
        Ça n' dur' pas,
     Chez les Auvergnats.

FIN.

CLICHY —Imprimerie Paul Dupont, rue du Bac-d'Asnières, 12. (1985, 12-4)

EN VENTE CHEZ LE MÊME ÉDITEUR

Monsieur mon domestique, vaudeville en 1 acte, par
Villemer, 3 personnages : 2 hommes et 1 femme .... » 50

La grand-mère, récit dramatique en vers, poésie de
Joseph Fuchs.................................... » 50

Le cabaret de Ramponneau, opérette en 1 acte,
paroles de A. Boudin et J. Le Sire, musique de Charles
Lecocq, 3 hommes et 2 femmes,

    Le livret, paroles seules .... » 50
    La partition, piano et chant.................... 5 »

Jument à marier, saynète en un acte par Louis Gabil-
laud, musique de Georges Rose, 2 hommes,

    Le livret, paroles seules .... » 50
    La partition, piano et chant.................... 3 »

Nédel, opérette en 1 acte, par madame la comtesse de
Chabrillan, musique de Marius Boullard, 4 personnages :
1 homme et 3 femmes :

    Le livret, paroles seules........................ » 20
    La partition, piano et chant. .... 4 »

CLICHY. — Impr. Paul DUPONT, rue du Bac-d'Asnières, 12.

www.ingramcontent.com/pod-product-compliance
Ingram Content Group UK Ltd.
Pitfield, Milton Keynes, MK11 3LW, UK
UKHW031733170726
13836UKWH00002B/630